PROPIETARIAS

CRISTINA ROSILLO LÓPEZ

© Cristina Rosillo López
© De la presente edición, Prensas de la Universidad de Zaragoza
    (Vicerrectorado de Cultura y Proyección Social)
    1.ª edición, 2025

Imagen de cubierta: Vincenzo Camuccini, *Roman Women Offering Their Jewellery
in Defence of the State,* 1825-1829. Kelvingrove Art Gallery and Museum. Fuente:
Wikipedia.

Cuadernos *Libera Res Publica*. Las Mujeres en la República Romana, 4

Directores de los Cuadernos *Libera Res Publica:*
Cristina Rosillo-López
Francisco Pina Polo
Elena Torregaray Pagola

Prensas de la Universidad de Zaragoza. Edificio de Ciencias Geológicas,
c/ Pedro Cerbuna, 12 50009 Zaragoza, España. Tel.: 976 761 330
puz@unizar.es • http://puz.unizar.es

Editorial Universidad de Sevilla, c/ Porvenir, 27, 41013 Sevilla, España.
Tel.: 954 487 447 • eus4@us.es • https://editorial.us.es

ISBN 978-84-1340-969-6
Impreso en España
Imprime: Servicio de Publicaciones. Universidad de Zaragoza
Depósito legal: Z 206-2025

Hasta 1975, las mujeres españolas no pudieron abrir una cuenta bancaria propia, regentar un negocio o firmar un contrato sin el permiso de su marido; además, las viudas recibían un tutor legal de por vida. Hubo que esperar a la reforma legal de 1981 para que las mujeres españolas pudieran administrar libremente sus finanzas. En América Latina, por ejemplo, las mujeres podían heredar y ser propietarias a comienzos del siglo xx; sin embargo, si estaban casadas, no podían administrar sus propios bienes, lo que solo cambió en las décadas de 1970-1980. Tales logros suelen presentarse como el resultado de una evolución lineal y esquemática desde pasados más o menos remotos, marcados por enormes discriminaciones y desigualdades, hasta una época moderna, más igualitaria. Este tipo de sesgo histórico tiende a mostrar erróneamente las sociedades premodernas como mundos arcaicos donde las mujeres carecían de derechos y dependían completamente de padres y maridos.

Sin embargo, en el mundo romano, ya desde la República, las mujeres se convirtieron en propietarias, con todos los derechos y deberes correspondientes. Tras la muerte de su padre, las mujeres romanas podían heredar, trabajar, pagar impuestos, prestar y tomar prestado, gestionar un negocio, comerciar, donar dinero a ciudades y asociaciones, administrar libremente su patrimonio y firmar contratos con plena libertad. A partir del siglo ii a. C., sus patrimonios estaban totalmente separados de los de su marido, que no podía gestionarlos. Solamente necesitaban el refrendo de un tutor para algunas transacciones económicas que poseían un componente casi ritual, pero podían escoger sus propios tutores, con lo que se garantizaban su complacencia.

En la República romana, veremos mujeres propietarias de terrenos, de pequeños o grandes talleres, de joyas; gestoras de negocios, prestamistas de dinero; mujeres adineradas que construían edificios públicos en el centro de las ciudades romanas. Pongamos de todas maneras estas afirmaciones en perspectiva: se trataba evidentemente de la élite de una sociedad en la que convivían con población mucho más humilde, tanto hombres como mujeres, cuyas propiedades eran mucho más sencillas o, en ocasiones, inexistentes. No debemos olvidar que, tanto ayer como hoy, por cada mujer millonaria, existen miles de mujeres que subsisten en condiciones precarias.

1.
¿Cómo podían las mujeres romanas ser propietarias?

Algunos estudios han intentado medir de manera general la riqueza en manos de mujeres en el mundo romano: los resultados oscilan entre el 20% y el 40%, que son cifras, como veremos, muy similares al porcentaje de riqueza en manos femeninas en la actualidad. ¿Qué porcentaje de mujeres propietarias podríamos establecer para los diferentes siglos de la República? ¿Qué parte proporcional de la riqueza se encontraba en sus manos? Estas son preguntas para las cuales no podemos proporcionar una respuesta definitiva, pero las fuentes literarias de la antigua Roma abundan en referencias a propiedades mobiliarias e inmobiliarias de mujeres a lo largo de toda la historia de la República, especialmente para los siglos II y I a. C.: terrenos, casas en Roma y en el campo, obras de arte, carruajes, ganado, esclavos, joyas, dinero, etc. Esto se remonta incluso a los tiempos míticos: el 23 de diciembre los romanos celebraban la fiesta de los *Larentalia* en honor de Aca Larentia, una adinerada mujer de época de Rómulo que supuestamente legó a su muerte varios terrenos al pueblo romano.

No debemos olvidar que la sociedad romana era profundamente patriarcal y que, en ella, el padre de familia era la única persona propietaria de todo el patrimonio familiar; mientras él estuviera en vida, ni sus hijos ni sus hijas podían ser propietarios: ni casas, ni esclavos, ni tierras… nada, salvo una cantidad determinada que su padre les hubiera asignado. Todo estaba en manos del cabeza de familia.

Los romanos contemplaban que las mujeres pudieran ser propietarias desde época mítica, como el caso de Aca Larentia nos muestra, pero durante los primeros siglos de la República estas circunstancias eran relativamente minoritarias, debido al tipo de matrimonio que estaba en uso: el matrimonio llamado *cum manu*,

Fig. 1. Matrimonio de dos ciudadanos romanos. Fuente: Wikipedia.de.

a través del cual la mujer pasaba de la autoridad (*potestas*) de su padre a la de su esposo, no siendo, por lo tanto, propietaria en ningún momento (fig. 1). Solo en caso de ser viuda y huérfana podía pasar a gestionar su propio patrimonio. Teniendo en cuenta que generalmente los hombres se casaban siendo algo mayores que las mujeres (fig. 2), esta doble condición no sería algo inusitado, pero no podemos considerar que fuera algo habitual.

Sin embargo, a partir del siglo II a. C. tuvo lugar un cambio social que hizo que esta situación se transformara radicalmente: se generalizó otro tipo de matrimonio, conocido como *sine manu*, por el cual la esposa no pasaba a estar bajo la autoridad de su marido, sino que permanecía siempre como miembro de su familia de origen bajo la *potestas* o autoridad de su padre. ¿Qué sucedía cuando su progenitor fallecía? Desde el momento del fallecimiento de su padre, una mujer romana (casada *sine manu*) se convertía en *sui iuris*, que se suele traducir como «independiente» o «de propio derecho», es decir, podía heredar y gestionar su patrimonio ella misma, con algunas salvedades legales, que vere-

Fig. 2. Vistiendo a una novia, Herculano.

mos a continuación. Recordemos que esta situación se aplicaba también a los hijos varones, que no podían ser propietarios hasta que el padre fallecía, dando lugar a situaciones extrañas desde nuestro punto de vista, pero no del de los romanos. Un hombre adulto podía tener hijos propios, ser elegido magistrado, alcanzar las más altas magistraturas, presidir el Senado y tomar el mando de ejércitos, todo ello en nombre de Roma. Sin embargo, si su padre aún vivía, no podía administrar ni poseer nada. Estas circunstancias no eran habituales, pero podían suceder; en el año 212 a. C., durante la guerra contra Aníbal, Quinto Fabio Máximo fue nombrado cónsul mientras que su padre, Quinto

Fabio Máximo Verrucoso Cunctator, seguía vivo e incluso comandaba tropas en batalla.

Una mujer independiente y, por lo tanto, propietaria se veía generalmente asignada un tutor debido a su condición de mujer. El derecho romano contemplaba que la mujer podía ser engañada más fácilmente por su condición débil y, por lo tanto, consideraba que era necesario un tutor para realizar ciertas transacciones. Sin embargo, algunos juristas afirmaban que tal restricción no reflejaba la realidad y, en la práctica, para la época de Cicerón, la tutela se veía casi como una carga por parte de los varones que tenían que ejercerla. No pensemos que los tutores velaban y controlaban todas las actividades femeninas, siendo una especie de vigilantes; al contrario, su ámbito de acción se veía restringido a una categoría muy concreta de transacciones. Una mujer romana de los siglos II y I a. C. solo necesitaba del visto bueno de su tutor para realizar testamento, contraer matrimonio *cum manu* (algo inusual para la época) y adquirir un tipo de bienes muy específicos (denominados *res mancipi* por el derecho romano): casas y terrenos en Italia, animales de tiro y de carga y esclavos. ¿A qué se debe esta categoría especial? Estos objetos constituían las propiedades típicas de una sociedad agrícola tradicional, es decir, las categorías más antiguas de propiedad conocidas en Roma. La transmisión de esta propiedad, descrita por el jurista Gayo (siglo II d. C.), se realizaba a través de una ceremonia arcaica (denominada *mancipatio*) que pervivió casi como una reliquia de tiempos antiguos: hacían falta seis testigos ciudadanos romanos, uno de los cuales sostenía una balanza de cobre, que era golpeada por el comprador con un fragmento de cobre sin acuñar, entregándoselo a continuación al vendedor. El uso del cobre y la balanza nos indica que esta antiquísima ceremonia se remonta al periodo anterior a la introducción de la moneda en la sociedad y la economía romanas. Por ello, las mujeres necesitaban un tutor para comprar o vender este tipo de propiedades, ya que era imprescindible su presencia en la ceremonia.

¿Y si una ciudadana romana deseaba comprar tierras en Asia? ¿O una casa en Grecia? ¿U obras de arte o joyas? ¿O prestar dinero? ¿O establecer un negocio? En todos esos supuestos, no necesitaba ningún tutor, ya que el ritual de la *mancipatio* no tenía lugar. A esto se añade que, en la República tardía, las mujeres propietarias disponían de un tutor, pero en muchas ocasiones este era una persona que ellas habían solicitado específicamente, es decir, alguien que no les iba a poner pegas a la hora de refrendar sus transacciones. Como veremos más adelante, conocemos con bastante detalle el patrimonio de Terencia, la esposa del senador Cicerón (s. I a. C.); sin embargo, en ningún momento oímos hablar de su tutor. Hasta cierto punto, especialmente para las ricas mujeres de la élite, se había convertido en un mero trámite.

Finalmente, no debemos olvidar la dote de las mujeres, porque formaba parte de su patrimonio. Teniendo en cuenta que en Roma no existía un registro matrimonial ni nada análogo, la entrega de la dote era señal de que se estaba celebrando un matrimonio romano válido. Las dotes no eran un requisito *sine qua non* para contraer matrimonio, pero la falta de ellas se consideraba deshonrosa e indeseable. La dote pertenecía a la esposa, pero, durante el matrimonio, los elementos que la componían (cualquier tipo de riqueza: dinero en efectivo, bienes muebles o inmuebles, tiendas, granjas, esclavos, canteras, minas, etc.) eran administrados por el marido y él recibía los beneficios, aunque no fuera el propietario de estos. En caso de divorcio sin ningún tipo de agravante, el marido tenía que devolver la dote a su exmujer. En el fondo, para las mujeres que todavía no eran *sui iuris* o independientes, la dote era el adelanto de la parte de la herencia que les correspondería al fallecimiento de su padre. Disponemos de pocas fuentes sobre las clases más humildes, pero parece que la entrega de la dote era también habitual, lo que haría que, para muchas mujeres romanas de clase más baja, esta fuera su única propiedad y riqueza.

Las fuentes de la época hablan de la dote como un elemento igualador dentro del matrimonio, y que permitía a las esposas tener voz y voto en el hogar. Los maridos de las esposas que habían recibido buenas dotes son representados en las comedias de Plauto (en el siglo II a. C.) quejándose de las demandas desmesuradas de sus mujeres y argumentando que ellas tenían demasiado poder en casa, lo que es un reflejo de las inquietudes que las mujeres propietarias podían generar y que, como veremos, llegó a transformarse en un debate político.

2.
Riqueza y mujeres de la élite

Debemos tener en cuenta la variedad de riqueza en el seno de las mujeres de la élite. No sabemos de qué cantidades de dinero estamos hablando cuando los triunviros decidieron imponer un impuesto a las 1400 mujeres más ricas en el año 42 a. C. (como veremos en detalle más adelante), pero es indudable que existía un número no desdeñable de mujeres de la élite con importantes fortunas, en algunos casos sin tener nada que envidiar a sus coetáneos masculinos.

Conocemos un número sustancial de mujeres que fueron grandes propietarias agrícolas. Sin embargo, no tenemos listas o declaraciones del censo que nos ilustren sobre sus propiedades y, por lo tanto, lo sabemos gracias a anécdotas. A mediados del siglo I a. C., la vestal Licinia fue llevada a juicio, acusada de haber mantenido relaciones sexuales con el importantísimo y riquísimo senador Lucio Licinio Craso, que fue durante un tiempo el gran aliado político de César y Pompeyo. No olvidemos que las vestales eran las sacerdotisas más importantes de Roma, ya que tenían la fundamental tarea de mantener vivo el fuego de Vesta y, así, asegurar la supervivencia y la prosperidad de la ciudad; para ello, debían mantenerse vírgenes durante el ejercicio de su sacerdocio. Teniendo en cuenta este papel clave, no es de extrañar que determinados momentos de crisis política coincidieran con acusaciones de impureza cometida por vestales. En el juicio, Licinio Craso se defendió como se lee en el texto 1.

No sabemos si el motivo aducido era una excusa para camuflar una supuesta relación, pero resultaba perfectamente plausible. La vestal Licinia, por lo tanto, había heredado o comprado una propiedad que Craso, un gran emprendedor inmobiliario, tenía en su punto de mira; nadie encontró extraño este hecho, porque las mujeres de la élite eran grandes poseedoras de terrenos y bienes inmuebles (fig. 3). Estas compras no se limitaban a la península

TEXTO 1.
LAS PROPIEDADES DE LICINIA
(Plutarco, *Vida de Craso,* 1.5)

«Craso la frecuentaba y le dedicaba atenciones porque quería adquirir a bajo precio una bella propiedad que ella poseía en un suburbio, y por esa razón se atrajo aquella sospecha; pero se defendió de la acusación de seducción apelando de alguna manera a su codicia, y los jueces lo absolvieron. Por lo que respecta a Licinia, no la dejó hasta que se hizo con su propiedad».

itálica: Cerelia, una adinerada mujer de la élite del siglo I a. C., interesada en la filosofía y amiga de Cicerón, poseía tierras en la provincia de Asia (Cicerón, *Cartas a sus familiares,* 13.72).

Veamos un ejemplo más detallado de riqueza femenina en las finanzas de Terencia, la esposa del orador y senador Cicerón; proveniente de una noble familia plebeya, sabemos que ella era *sui iuris* o independiente desde su juventud, por lo que controlaba su fortuna sin apenas restricciones. Las cartas de su esposo nos ilustran sobre el patrimonio de Terencia: por ejemplo, poseía un *saltus,* es decir, una extensa parcela de terreno montañoso con bosques y lugares de pasto, que probablemente además era productivo (para madera, pasto para animales, etc.; *Cartas a Ático,* 2.4). Terencia, al igual que muchos senadores, ocupaba terrenos públicos sin pagar alquiler (y, por supuesto, los explotaba económicamente), además de poseer tierras en un pueblo italiano. Finalmente, sabemos que era propietaria de inmuebles en Roma, en concreto de dos grandes casas de apartamentos, que proporcionaban una renta anual de 80 000 sestercios, más que suficiente para financiar los estudios y la estancia de su hijo en Atenas durante un año completo (fig. 4). No era la única que actuaba así con sus inversiones inmobiliarias: otra mujer adinerada, Cesenia, a la que Cicerón alude en el discurso *En favor de Cecina,* 94, compró un gran número de inmuebles y los alquilaba a medio plazo. Probablemente el patrimonio de Te-

Fig. 3. Imagen de una vestal. Fuente: Wikipedia

rencia era mucho más amplio, ya que las menciones que tenemos son alusiones realizadas de pasada, sin detenerse mucho en ellas. En todo caso, vemos que estaba muy diversificado, con inversiones hechas en diversos sectores.

Hay que tener en cuenta que las mujeres, al igual que otros miembros de la élite financiera y económica, empleaban esclavos y libertos (es decir, antiguos esclavos, liberados y convertidos en personas libres), tanto hombres como mujeres, como gestores de negocios (*institores* en latín). Así, Sasia, una mujer de la élite de la ciudad de Larino le puso una tienda a un liberto suyo, en este caso para vender remedios médicos, que se describe como bien equipada (Cicerón, *En favor de Cluencio*, 178); probablemente se trataba de un negocio próspero y lucrativo para ambos. Asimismo, buena parte de los propietarios de esclavos que se dedicaban al préstamo de dinero a interés en Roma eran mujeres. En el caso de las muje-

Fig. 4. *Insula* de apartamentos, Aracoeli, Roma. Fuente: Wikipedia.

res de la élite, esta costumbre se ve en mayor medida agravada por su género, ya que en principio no estaba bien visto que una mujer se dedicara a esos negocios, aunque, como se ha señalado, la ley garantizaba la plena igualdad jurídica para ambos sexos.

Las joyas constituían un componente relevante de la riqueza femenina, aunque sabemos que tanto los hombres como las mujeres de la élite las poseían; en ambos casos, provenían de Egipto, Arabia e India. Las joyas constituyen tanto hoy en día como en época romana una forma muy conveniente de acumular riqueza: en general adquieren valor con el tiempo (en vez de perderlo), son transportables y pueden ser convertidas en dinero en caso necesario, además de ser un símbolo de estatus. Las fuentes nos hablan de algunas de ellas: Servilia, por ejemplo, tenía en su poder una perla, regalo de César, valorada en 6 millones de sestercios, es decir, seis veces el censo mínimo para convertirse en senador o varias veces lo que se consideraba una dote muy generosa para una hija de la élite (Suetonio, *Julio César*, 50.2). Sabemos que Emilia Tercia, la esposa de Escipión el Africano, poseía joyas de gran valor y que le gustaba exhibirlas. La famosa afirmación de su hija Cornelia, la madre de los Gracos, enorgulleciéndose de que sus hijos eran sus joyas, era una respuesta al despliegue de alhajas por parte de una mujer de la región de Campania que visitaba su casa.

3.

Propietarias y constructoras

Las ricas mujeres de la élite mostraban patrones de comportamiento similares a los de los senadores y otros hombres de la élite, empleando en ocasiones su patrimonio para financiar obras públicas, lo que se suele denominar como «evergetismo». Las ciudades romanas hubieran sido muy diferentes sin esta costumbre, ya que los evergetas sufragaron templos, basílicas (donde se realizaban negocios), curias (edificios destinados a reuniones políticas), arcos, estatuas, circos, teatros, etc., incluso repartos de trigo y de vino o la organización de juegos. ¿Qué motivaciones llevaban a una persona rica a dar dinero a la colectividad? Una multitud de razones. En primer lugar, el donante ganaba prestigio, para sí y para su familia, lo que se convertía en una ventaja en el momento en que él o un pariente se presentaba como candidato a un cargo de la ciudad. Además, esas donaciones eran una forma de alardear de su riqueza y de mostrar que se ocupaba de la comunidad de ciudadanos y de la ciudad, haciéndola más bella. Habría que añadir además la intención de perpetuar su memoria, tanto individual como colectiva y, finalmente, el orgullo cívico de formar parte de una élite que sirve al Estado. Pero lo principal era dejar bien claro quién lo había pagado y por ello, en el frontal de esos edificios, se inscribía en letras grandes y coloreadas, para que se viera bien, el nombre del evergeta y la expresión *de sua pecunia fecit*, «lo hizo con su propio dinero». Las mujeres propietarias actuaban en nombre de sus propios intereses y de los de sus familias, siguiendo los mismos ideales cívicos y de representación que los hombres, sumando prestigio para sí y para los suyos, además de contribuir al bien común. Cuando pensamos en grandes mujeres evergetas, tendemos a tener en mente a mujeres de la familia del emperador o a grandes damas de ciudades en época imperial. Sin embargo, Livia u Octavia, respectivamente esposa y hermana del emperador Augusto, no inauguraron una tendencia, sino que se limitaron a reproducir

TEXTO 2.
LA GENEROSIDAD DE PUBLICIA
(Corpus de Inscripciones Latinas, I².981)

«Publicia, hija de Lucio y esposa de Cneo Cornelio, hijo de Aulo, construyó este templo de Hércules y sus puertas, lo embelleció y restauró el altar sagrado de Hércules. Todas estas cosas las hizo con su propio dinero y con el de su marido, y se ocupó de que se hicieran».

usos y costumbres de mujeres romanas de época republicana, pero a mayor escala.

Una inscripción datada entre el 100 y el 50 a. C. proporciona una interesante visión de la presencia de mujeres en el espacio público y en la arquitectura de las ciudades. Publicia, mujer perteneciente a la élite, financió junto a su esposo un templo de Hércules y dejó constancia en una inscripción de sus esfuerzos evergéticos (texto 2).

No disponemos de más fuentes sobre Publicia, que era ciudadana romana y *sui iuris*, es decir, independiente, ya que su padre había fallecido. Las dos familias, los Cornelios y los Publicios, eran importantes en Roma. Sin embargo, la inscripción nos deja claro quién es la persona crucial en la obra, que no es otra que Publicia. El templo fue financiado por ella y su marido, que estaban casados *sine manu*, ya que ella afirma claramente que posee su propia fortuna. Pero, además, su nombre aparece en primer lugar y en letras de mayor tamaño; Publicia especificó que la obra había estado pagada con su propio dinero y el de él (*de suo et virei*) y, finalmente, puntualizó que únicamente ella se había encargado de supervisar la obra. No hay ninguna duda sobre su papel principal, apareciendo como matrona y como ciudadana, aunque acompañada por su marido; ella ocupa de manera indiscutible el espacio público, lo que los visitantes del templo de Hércules no podían obviar.

«Mineya, hija de Marco, esposa de Cayo Coceyo Flaco, madre de Cayo Coceyo Justo, construyó con su propio dinero desde los cimientos la basílica, el pórtico con pavimento delante de esta y todo lo demás».

Publicia no es la única mujer presente en el espacio público en época republicana. En el siglo I a. C., Mineya, una mujer de la élite senatorial y esposa de un senador, financió la construcción de una basílica en Paestum (fig. 5: representa un edificio similar en Pompeya), una próspera ciudad del sur de Italia. Mineya convirtió el edificio en una oda a ella y a su familia, ya que hizo erigir en el interior estatuas a cinco familiares masculinos (sus dos hermanos, esposo, hijo y nieto). En el centro de la basílica se alzaba una estatua con su nombre, que también aparece en la dedicatoria del resto de las estatuas y en el frontal. Para un visitante que entrara en la basílica no debía de quedar duda alguna sobre quién la había financiado y quién había decidido su construcción.

Fig. 5. Restos arqueológicos de la basílica de Pompeya.

Fig. 6. Moneda de Mineya.

Este despliegue de riqueza debió de ser tan excepcional que, para honrarlo y agradecérselo, la ciudad erigió en su honor una estatua y acuñó monedas de bronce en las que aparecía, en el reverso, una representación de la basílica. Si nos fijamos en las monedas, observamos algo inusitado: en el anverso, aparece el retrato de una mujer de perfil, con el pelo recogido con una redecilla (fig. 6). No es, como solía ser habitual, la representación de una diosa o la personificación de una virtud, sino la imagen de alguien real, de la propia Mineya. Estamos seguros de que es ella porque la ciudad lo quiso dejar bien claro, inscribiendo su nombre al lado de su retrato. Se trata probablemente de una de las primeras monedas del mundo romano en la que se representa a una mujer real, que no tiene ningún atributo de diosa. Podemos imaginar el poderío económico, político y social que debió alcanzar Mineya gracias a esta obra: todo gracias a su riqueza.

Los honores concedidos a Mineya son excepcionales, pero Publicia y ella no fueron las únicas mujeres ricas que construyeron edificios, y todas usando su propio dinero, como afirman claramente en las inscripciones que nos han llegado. Entre los años 70 y 60 a. C., Octavia, perteneciente a una familia senatorial de la ciudad de Forum Clodii, mejoró y decoró el templo de Bona Dea en Ostia. Entre el 71 y el 31 a. C., Plotia Rutila financió obras de mejora *de sua pecunia* en el teatro de Consilinum, especialmente parte de los asientos y la escena. Hacia la mitad del siglo I a. C.,

Fig. 7. Inscripción: *de sua pecunia* de Salvia Póstuma. Fuente: Wikipedia.

Tit(ia) Curia, sacerdotisa de la diosa Ceres en Capua, pagó la construcción un edificio desconocido con sus propios fondos. En las mismas fechas, Sabina construyó o reconstruyó el templo de Venus en Paestum, también *de sua pecunia*, al igual que Tampia, que financió un pequeño templo a Júpiter en Aquilea. Los nombres de todas estas mujeres evergetas, escritos con letras de mayor tamaño y pintados de rojo para favorecer su visibilidad, figuraban en un lugar destacado del espacio público de Roma y de otras ciudades italianas (fig. 7).

Para finalizar esta lista de mujeres evergetas, viajemos a la antigua ciudad portuaria de Istria, hoy en día conocida como Pula, en Croacia, que ha conservado numerosos restos romanos, incluyendo uno de los anfiteatros mejor preservados. En una de las calles que da acceso al centro histórico se puede ver actualmente un enorme arco de 8 metros de altura, coronado por una inscripción monumental, que fue construido probablemente en la década de los años 20 a. C. como una de las puertas de acceso a la ciudad (fig. 8). Fue financiado por una mujer, Salvia Póstuma, en honor de su esposo L. Sergio Lépido, edil de la colonia y tribuno militar de una de las legiones de Octavio, el futuro emperador Augusto, que luchó en la batalla de Actium contra Marco Antonio y Cleopatra. Salvia Póstuma financió el arco con sus propios fondos para honrar a su marido, aunque es su nombre el que aparece dos veces en la inscripción: como receptora de los honores y como financiadora del monumento.

Fig. 8. Arco de Salvia Póstuma (de los Sergios), Pula. Fuente: Wikipedia.

El arco, adosado a la parte interior de una de las puertas de la ciudad que llevaba al foro, le proporcionaba una visibilidad y notoriedad innegables dentro de su comunidad, convirtiéndola (aún más) en un referente cívico. No se trata solo de su familia o de la familia de su marido, sino también de ella como la persona que sufraga el monumento.

Esta larga lista de construcciones es remarcable: las mujeres financiaban todo tipo de edificios públicos. La puerta de la muralla de Salvia Póstuma se une a la basílica de Mineya y a los diversos templos ya mencionados. Todas ellas son obras públicas que muestran su riqueza. Al mismo tiempo, no debemos desdeñar su papel en la actividad económica, proporcionando un estímulo a la construcción y a la escultura. Además, al igual que los hombres de la élite, ellas aunaban la intención de promover la memoria y los intereses de la familia, lo que no es contradictorio con el deseo de notoriedad individual, que en el caso de Mineya o de Salvia Póstuma es innegable.

Como ciudadanas propietarias y pudientes, las mujeres de la élite pagaban impuestos, tanto lo que actualmente llamamos impuestos directos como indirectos. Las viudas, los huérfanos y las huérfanas pagaban un impuesto directo regular denominado *aes equestre* o *aes hordearium*, una tasa anual de 2 000 ases, que servía para financiar el mantenimiento de la caballería romana; como ciudadanos independientes (*sui iuris*), tenían que ser también contribuyentes. Desde el año 167 a. C., el resto de los ciudadanos romanos no pagaban impuestos directos, ya que los ingresos provenientes de las regiones conquistadas y los beneficios provenientes de los impuestos indirectos servían para financiar los gastos del Estado romano. Existían todo tipo de impuestos indirectos durante la República, como derechos de aduana en los puertos (*portoria*), peajes, arrendamiento de tierras pertenecientes al Estado (*ager publicus*) o de las salinas, alquiler de tiendas en el foro, el pago de un 5 % del precio de los esclavos liberados (*vicesima libertatis*), etc. En el caso de este último impuesto, no se conservan referencias a su pago por las mujeres —ni por los hombres— durante la República. No obstante, como las mujeres independientes podían poseer esclavos, es muy probable que también pagaran el impuesto cuando estos eran manumitidos, ya que, en caso contrario, se hubiera creado un vacío legal que podría ser aprovechado para defraudar al Estado. Sí disponemos, en cambio, de fuentes de época imperial que atestiguan que las mujeres abonaban impuestos indirectos, e incluso se han conservado recibos de pago, lo que sugiere que durante la República también era así.

4.
Humildes (o no tanto) mujeres de negocios

A finales del siglo I a. C., en la ciudad de Aquilea vivía una liberta de nombre Trosia Hilara, que nos abre una ventana para vislumbrar a mujeres propietarias que no pertenecían a la élite. Ella misma garantizó que oyéramos su voz, ya que pagó su propia inscripción funeraria (texto 4 y fig. 9).

TEXTO 4.
UNA MUJER DE NEGOCIOS
(Inscripciones de Aquilea, 57)

«Trosia Hilara, liberta de Publio [Trosio] Hermón, vendedora ambulante de lana *(lanifica circulatrix)* hizo esto en vida. La parcela [funeraria] es de 16 pies cuadrados. [Lo hizo] para sus libertos y libertas».

Esta breve inscripción nos informa de la vida de Hilara, que fue durante un tiempo la esclava de Trosio Hermón (véase el cuaderno sobre *Esclavas y libertas*). Probablemente durante ese tiempo aprendió el oficio de vendedora ambulante de lana y amasó un buen *peculium*, es decir, la parte que el patrón le permitía guardarse de los beneficios del negocio y que, en muchos casos, se usaba para adquirir la libertad. Al ser liberada por su antiguo dueño, siguió ejerciendo su oficio, esta vez ya como mujer independiente y de pleno derecho *(sui iuris)*. Tuvo éxito en la vida, ya que, con su trabajo, amasó suficiente dinero como para, además de pagar la inscripción, adquirir esclavos (que luego liberó a su vez) y una parcela de aproximadamente 31 metros cuadrados (16 × 16), un tamaño habitual, aunque

Fig. 9. Inscripción funeraria
de Trosia Hilara. Fuente:
Archeofriuli.it.

nada desdeñable, que debía servir de lugar de enterramiento para ella y sus libertos y libertas. Con toda probabilidad, no era el único patrimonio que poseía. *Lanifica*, la palabra que describe el oficio de Trosia Hilara, se usaba en el mundo romano para describir el estereotipo de la matrona que carda la lana en casa para confeccionar la vestimenta de su familia, ejemplificando así el ideal romano doméstico. Sin embargo, ya desde el siglo III a. C. tenemos referencias a personas que se dedicaban profesionalmente al trabajo de este material, lo que indica que existía una demanda en el mercado. Más que una vendedora humilde, ¿sería Trosia Hilara la propietaria de un taller, de una pequeña «empresa» textil?

El caso de otra liberta de finales de la República nos muestra otra próspera mujer propietaria que poseía recursos suficientes para pagar una inscripción funeraria, en este caso en honor de su patrón, su compañero y su liberto, pero sobre todo del segundo, que había fallecido (texto 5).

Fig. 10. Relieve de una carnicera y su clienta.

TEXTO 5.

LA VENDEDORA DE PÚRPURA

(*Corpus de Inscripciones Latinas* 6.37820)

«Veturia Fedra, liberta de Décimo, procuró que se realizara esta inscripción pagada con su propio dinero para ella misma, su patrón, su compañero y su liberto. Nicéforo, mi compañero, vivió conmigo durante 20 años. [Todos somos] vendedores de púrpura en el distrito Mario».

Como en muchas ocasiones, el masculino plural suele invisibilizar a las mujeres. La inscripción usa el término *purpurarii* para describir los trabajadores que vendían la púrpura, un producto muy caro y cotizado en época romana (fig. 11). Veturia, al igual que su compañero, aprendió el oficio en casa de su dueño y, tras ser liberados, probablemente ambos establecieron una pequeña tienda (*officina* en latín), un negocio familiar lo suficientemente próspero como para comprar al menos un esclavo, enseñarle el oficio y posteriormente liberarlo. Es interesante resaltar que co-

Fig. 11. El emperador Justiniano (siglo VI d.C.) vistiendo una capa teñida de color púrpura. Fuente: Wikipedia.

nocemos otras dos libertas de la misma *familia* (en el sentido romano, que incluye también a esclavos y libertos), Veturia Trifera y Veturia Ática, que se dedicaban también a la venta de púrpura en el mismo distrito. Percibimos una red familiar, tejida por lazos de matrimonio y de antigua esclavitud, con la familia de los *Veturii*, muy presente en el negocio de la púrpura, en una mezcla de personas libres, libertos y esclavos, tanto hombres como mujeres, trabajando y ganando dinero. Estas inscripciones, además, nos muestran a esas mujeres de negocios de pequeña escala orgullosas de sus logros, señalando claramente que han pagado las inscripciones *de sua pecunia*, con su propio dinero.

Debemos ser conscientes de una cuestión: las inscripciones funerarias nos proporcionan una visión sesgada del mundo romano por varias razones. Por norma general, las mujeres suelen ser conmemoradas en menor grado que los hombres y, en muchas ocasiones, se hace referencia predominantemente a los lazos familiares, siendo a menudo omitida la mención al oficio. Además, la población liberta tiende a encargar inscripciones funerarias en mayor medida, entre otras cosas porque, al no tener antepasados, se conmemoran entre ellos. Sin embargo, hay que tener en cuenta que nos falta mucha gente cuyo nombre no fue inscrito en ninguna estela porque su escasa fortuna no llegaba para pagarla: campesinos y campesinas, ciudadanos y ciudadanas libres pobres. Aunque no los oigamos, están ahí.

5.
La riqueza de las mujeres
como amenaza moral y política

La riqueza de las mujeres llegó a ser considerada en Roma como un relevante tema de debate político que consiguió polarizar a la clase senatorial. Entre el 218 y el 201 a.C., el general cartaginés Aníbal y Roma se enfrentaron en la segunda guerra púnica, un conflicto que puso al mundo romano al borde del abismo, lo que le obligó a movilizar una cantidad inusitada de recursos militares, financieros y humanos. En este contexto, el Estado romano tuvo que buscar medios de financiación alternativos para hacer frente a los gastos de la guerra: devaluación de la moneda, uso del *aerarium sanctius* (un tesoro reservado para momentos de urgencia), exigencia de impuestos extraordinarios, entrega por parte de las familias senatoriales de todo su oro... Una medida nos proporciona una indicación de la presencia de las propiedades de las mujeres: en el año 214 a.C., las viudas romanas, junto con huérfanos y huérfanas, hicieron donación de parte de su riqueza al Estado (Livio, 24.18.13-14, véase la cubierta de este cuaderno). ¿Por qué estos tres grupos de población? Porque, al no depender de un cabeza de familia, podían disponer ellos mismos de su riqueza.

En el 215 a.C. se aprobó la ley Opia, una ley suntuaria, es decir, que limitaba la exhibición de riqueza, por la cual se prohibía a las mujeres romanas poseer aproximadamente más de 15 gramos de oro, llevar ropajes de colores variados (esto es, más caros de lo habitual) y circular en coches de dos caballos en la ciudad de Roma. Estas medidas en principio iban dirigidas a evitar la ostentación de riqueza y, de alguna manera, a mantener la moral de la ciudadanía en un contexto de conflicto atroz. Muchas medidas similares promulgadas durante la segunda guerra púnica fueron derogadas al terminar el conflicto, aunque no esta, lo que nos indica que existía un motivo suplementario: al menos un grupo de la élite política no se sentía cómodo con la creciente riqueza de las mujeres romanas y consideraba que había que controlarla.

Fig. 12. Joyas de época republicana. Fuente: Metropolitan Museum of Art.

TEXTO 6.
MOVILIZACIONES DE MUJERES
(Livio, 34.1.6-7)

«Muchos nobles intervenían en el debate para hablar a favor o en contra. Una multitud de partidarios y contrarios a la ley llenaba el Capitolio. Ni la dignidad ni el pudor ni las órdenes de sus maridos podían de ninguna forma mantener a las matronas en casa; se apostaban en todas las calles de la ciudad y en los accesos del foro, y pedían a los hombres que acudían al foro que, en vista del florecimiento del Estado y de que todas las fortunas privadas crecían de día en día, permitieran que también a las matronas les fuera devuelto su antiguo esplendor. El número de mujeres que afluían aumentaba cada día, pues acudían también desde las poblaciones y centros rurales. Se atrevían incluso a acercarse a los cónsules y pretores y a otros magistrados y rogarles».

Seis años después del final de la segunda guerra púnica, en el 195 a. C., dos tribunos de la plebe, Marco Fundanio y Lucio Valerio, plantearon la abrogación de la ley, argumentando que la guerra ya había terminado y que era injusto que, mientras la fortuna de las mujeres de Italia aumentaba, las ciudadanas romanas siguieran sufriendo restricciones. Esta propuesta se enfrentó a la furibunda oposición de, entre otros, el cónsul Catón, frente a la cual las mujeres romanas decidieron reaccionar protestando públicamente contra la ley en pleno foro y pidiendo a los senadores su apoyo a favor de la abrogación (texto 6). Esta movilización femenina es ciertamente excepcional, lo que nos indica que se trataba de un problema que polarizaba a toda la élite y que iba más allá de una simple ley suntuaria.

Los debates que Tito Livio, un historiador de finales del siglo I a. C., reconstruye nos muestran en qué términos se presentó la discusión y cuál era la cuestión de fondo: una parte de la élite senatorial, como Catón (fig. 13), percibía a las mujeres propietarias como un grupo inquietante que sería conveniente continuar restringiendo. No olvidemos que, a partir precisamente de esta época, los inicios del siglo II a. C., se comenzó a generalizar progresivamente el matrimonio *sine manu*, es decir, en el que la mujer no pasaba bajo la autoridad de su marido, lo que implicaba que, al fallecer su padre, ella se convertía en independiente y, por lo tanto, podía gestionar su patrimonio con escasas restricciones. En su discurso en contra de la ley, el cónsul Catón se centró en los peligros morales que supondría su abrogación (texto 7).

TEXTO 7.
DISCURSO DE CATÓN
(Livio, 34.2)

«Si cada uno de nosotros, ciudadanos, hubiese aprendido a mantener sus derechos y su dignidad de marido frente a la propia esposa, tendríamos menos problemas con las mujeres en su conjunto; ahora, nuestra libertad, vencida en casa por la insubordinación de la mujer, es machacada y pisoteada incluso aquí en el foro, y como no fuimos capaces de controlarlas individualmente, nos aterrorizan todas a la vez. [...]

[Dirigiéndose a los maridos] Eres receptivo ante sus súplicas en perjuicio tuyo, de tu patrimonio y de tus hijos; en cuanto deje la ley de poner límite a los gastos de tu mujer, tú nunca se lo pondrás».

Fig. 13. Posible busto de Catón. Fuente: Wikipedia.

Catón era consciente de que, al igual que hoy en día, la riqueza y la ausencia de dependencia financiera proporciona mayores posibilidades a las mujeres de oponerse a situaciones perjudiciales o de afianzar su papel familiar en una sociedad patriarcal.

En cambio, el tribuno Lucio Valerio, que se erigió en defensor de los derechos de las matronas, se centró en tres cuestiones (tex-

TEXTO 8.

DISCURSO DE LUCIO VALERIO

(Livio, 34.6-7)

«Porque, en definitiva, ¿qué han hecho de extraordinario las matronas por haberse presentado en público masivamente en una causa que las afecta directamente? ¿Nunca aparecieron en público hasta ahora? [...] Observa cuántas veces lo hicieron, y siempre por el bien común, por cierto. Ya en un principio, cuando reinaba Rómulo, en el momento en que se combatía en medio del foro tras la toma del Capitolio por los sabinos, ¿no cesó la batalla al precipitarse las matronas en medio de los dos ejércitos? [...] Durante la última guerra, para no irme tan atrás, cuando hubo falta de dinero, ¿no fueron las viudas las que ayudaron al tesoro con sus aportaciones económicas? [...]

En ellas no pueden recaer ni las magistraturas, ni los sacerdocios, ni los triunfos, ni las condecoraciones, recompensas o despojos de guerra; la elegancia, los adornos, el atavío, estos son los elementos de distinción de las mujeres; con esto disfrutan y se sienten orgullosas, esto constituye lo que nuestros mayores llamaron el "mundo femenino"».

to 8): 1) que la exhibición de riqueza por parte de las mujeres romanas era también un símbolo del poder de Roma; 2) que la movilización de las mujeres no era algo excepcional en la historia romana, tanto legendaria como reciente; 3) que todas las leyes de excepción promulgadas durante la segunda guerra púnica habían sido abrogadas, excepto la ley Opia. Desde su perspectiva, esa ley era también una medida extraordinaria de guerra, no una disposición destinada a garantizar un control moral de las ciudadanas.

Al día siguiente, las matronas romanas se presentaron en la puerta de dos tribunos de la plebe que estaban en contra de la derogación de la ley con el objetivo de convencerles para que no impusieran su veto. Esta manifestación consiguió su propósito, y ese mismo día la ley Opia fue revocada de manera unánime. El papel político de las mujeres romanas resultó fundamental para su derogación, pero no estaban solas: las fuentes señalan el apoyo de buena parte de los senadores y de la ciudadanía. No olvidemos que el patrimonio y la riqueza se transmitían tanto a hijos como a hijas, y esa ley estaba restringiendo las decisiones financieras de muchas familias de la élite. Los acontecimientos del año 195 a. C. fueron cruciales para que las ciudadanas propietarias dejaran de ser percibidas como una amenaza para la estabilidad moral de Roma y se convirtieran en un elemento más de la sociedad romana.

Sin embargo, Catón no dejó en vida de considerarlas como una amenaza, y volvió a la carga: en el año 169 a. C., se aprobó con su apoyo la ley Voconia, por la que se prohibía a quienes poseyeran bienes valorados en más de 100 000 ases (una gran fortuna, al menos igual al censo de los caballeros) nombrar por testamento a una mujer como heredera única o dejar a una mujer un legado de mayor valor que la herencia de los herederos en primer grado. Las únicas excepciones eran las mujeres que heredaban de sacerdotisas vestales.

Se ha vertido mucha tinta sobre esta ley y sus motivaciones, y hay interpretaciones de todo tipo. Sin embargo, es innegable que la ley intentaba restringir la concentración de riqueza en manos de mujeres, ya que, tras su aprobación, no podían convertirse en herederas únicas de grandes patrimonios. Sin embargo, la medida atestigua que a principios del siglo II las mujeres poseían y heredaban grandes cantidades de riqueza, una tendencia que, a pesar de esta ley, no decayó durante la República. De hecho, Catón apoyó la medida argumentando que las mujeres *sui iuris* poseían una gran riqueza, demasiada, en su opinión. Esto empezaba a tener repercusiones políticas: contar con una mujer rica en la familia podía convertirse en un activo político, ya que se podía utilizar su riqueza, entre otras cosas, para influir en la competencia política y promover a sus familiares. Entre los muchos ejemplos, destacaremos el caso de Marco Emilio Escauro, que fue elegido pretor en el año 56 a. C: el ser heredero de tres personas muy adineradas, entre ellas su madre Cecilia Metela, le permitió organizar juegos asombrosamente fastuosos durante su edilidad en el 58, incluyendo la construcción de un espectacular teatro temporal de 80 000 localidades y la distribución de increíbles sobornos en su campaña para el consulado en el 54 (Cicerón, *Cartas a Ático*, 4.17.4).

Los romanos de la élite, sin embargo, idearon estrategias para evitar la ley Voconia; por ejemplo, dejando como heredero a un yerno, como hizo César con Pompeyo, o en otros casos a un nieto. Como la ley mencionaba específicamente el censo, algunos romanos ricos decidieron directamente no inscribir a sus hijas para burlar la ley y dejarlas como herederas de sus fortunas: conocemos, para el periodo republicano, el caso de un senador y de una mujer muy rica que recurrieron a ese subterfugio legal. Una tercera estrategia consistía en dejar la herencia perteneciente a la hija como *fideicommissum* al heredero, es decir, realizar una petición del testador a esa persona para que le transfiriera a ella dinero o una determinada propiedad. En cualquier caso, las mujeres romanas herederas y propietarias eran una realidad y, a pesar de las restricciones, su número siguió aumentando.

6.
Mujeres propietarias
y guerras civiles

Durante el siglo I a.C., tuvieron lugar en Roma varios momentos de guerra civil (88-81, 49-45, 43-42 y 32-30 a.C., además de otros conflictos menos extensos). Las guerras afectan siempre a las propiedades y a los propietarios; en ocasiones las primeras se ven afectadas por el conflicto en sí y su posible destrucción, mientras que los segundos pueden acabar situados en el bando de los vencedores o de los vencidos, con lo que ello puede implicar de consecuencias positivas o negativas. En el caso de Roma, a las guerras civiles hay que añadir sobre todo las dos ocasiones en las que se llevaron a cabo proscripciones, es decir, la redacción de una lista de personas que eran declaradas enemigas del Estado y por cuya cabeza se ofrecía una recompensa; las fuentes describen el clima de terror que se generó en buena parte de las ciudades italianas y en Roma. Sila inauguró esta macabra costumbre en el año 81 a.C., cuando fue nombrado dictador «para reconstituir la República»: publicó una lista de enemigos suyos que, *ipso facto*, perdían su ciudadanía y los derechos y protección que de esta se derivaban, estableciendo incluso que cualquier persona que les ayudase sería condenada. Además, sus propiedades eran confiscadas automáticamente y vendidas en subasta a precios irrisorios, lo que conllevó una redistribución masiva de riqueza, ya que Sila puso en su lista a multitud de senadores y caballeros que provenían de familias muy adineradas. Es imposible calcular con certeza el valor del patrimonio que fue vendido, pero se puede estimar en muchos millones de denarios. Todo esto enriqueció a una parte de la élite, mientras que empobreció a aquellos que se encontraron en el lado perdedor. En el 43 a.C., los triunviros Octavio (el futuro Augusto), Marco Antonio y Lépido volvieron a recurrir a las proscripciones para deshacerse de sus enemigos políticos, vengar la muerte de Julio César y conseguir fondos para llevar a cabo sus proyectos bélicos.

No tenemos constancia de que las mujeres de la élite fueran incluidas en las listas de proscritos, lo cual es lógico debido a que ninguna de ellas podía ejercer ningún cargo público. Sin embargo, tanto vencedoras como vencidas se vieron afectadas por las proscripciones. En primer lugar, conocemos a varias mujeres de la familia de Sila que se beneficiaron de las subastas, acumulando así grandes patrimonios, como Cornelia (la hija de Sila) o Cecilia Metela (su esposa). Sabemos que Cornelia compró la villa que Mario, el gran general y enemigo de su padre, tenía en Campania por 75 000 denarios, una suma casi testimonial; poco después, se la vendió a otro senador por medio millón de denarios, es decir, Cornelia había pagado solo un 15 % de su valor y había obtenido unos ingentes beneficios. Ya hemos visto que Cecilia Metela acumuló tal cantidad de riqueza durante las proscripciones y la dictadura de su marido que su herencia posibilitó que su hijo Emilio Escauro pudiera derrochar grandes cantidades de dinero en su carrera política. En el año 48 a. C., en las ventas que siguieron a la victoria de César, Servilia, la madre de Bruto, consiguió comprar terrenos y granjas a precio de derribo en subasta gracias al favor de Julio César, con el que había mantenido una larga relación sentimental (Suetonio, *Julio César*, 50.2).

Las hijas y esposas de los proscritos, aunque sus nombres no estuvieran en ninguna lista, también se vieron afectadas de manera directa, ya que se atacó a sus propiedades. Las esposas de los proscritos no recuperaron sus dotes, como le ocurrió a Cornelia, la esposa de César. Las hijas de los proscritos perdieron su parte de la herencia, ya que los bienes de sus padres habían sido confiscados. Esta situación tuvo consecuencias no solo para ellas, pues se vieron privadas de las posesiones de su familia, sino también para sus hijos, que no recibirían la fortuna familiar materna cuando heredaran. Esta situación debió de ser tan dramática en la proscripción silana que, en la del 43 a. C., los triunviros decretaron que las hijas de los proscritos recibieran al menos un veinteavo de la herencia que les correspondería en teoría, aunque en la práctica parece ser que esto no se respetó.

Fig. 14. Monedas de los triunviros Marco Antonio y Octavio. Fuente: Wikipedia.

Es en este contexto de proscripciones donde tiene lugar un episodio inusitado: en el año 42 a. C., los triunviros, desesperados por conseguir recursos económicos, exigieron un impuesto a las 1400 mujeres más ricas de Roma (texto 9).

TEXTO 9.
LAS MUJERES MÁS RICAS DE ROMA
(Apiano, *Guerras civiles*, 4.32)

«Los triunviros se dirigieron al pueblo a este respecto y publicaron un edicto en el que se exigía a 1400 de las mujeres más ricas que hicieran una valoración de sus bienes y aportaran para la guerra la parte que los triunviros exigieran a cada una. Se dispuso, además, que, si alguna ocultaba sus bienes o hacía una tasación falsa, sería multada, y que se darían recompensas a los informadores, ya fueran personas libres o esclavos».

Un grupo de adineradas matronas visitó las casas de los triunviros, con la intención de hablar con sus esposas y hacer presión para que esta disposición fuera revisada. Como no tuvieron éxito, se presentaron ante los triunviros, en pleno foro, tomando la palabra una de ellas, Hortensia, hija de Hortensio, el gran orador de la República y uno de los pocos capaces de rivalizar con Cicerón en oratoria. Su hija había estudiado el arte de hablar en público y pronunció un discurso en el que argumentaba que las mujeres no debían pagar impuestos, y menos en un contexto de guerra civil en el que estos se iban a dedicar a dañar a uno de los bandos (texto 10).

TEXTO 10.
EL DISCURSO DE HORTENSIA
(Apiano, *Guerras civiles*, 4.33)

«Nuestras madres se elevaron una vez por encima de su sexo e hicieron contribuciones cuando Roma estaba en peligro de perder todo el imperio y la propia ciudad por el conflicto con los cartagineses. Pero entonces contribuyeron voluntariamente, no de sus propiedades agrícolas, sus campos, sus dotes o sus casas, sin los cuales la vida no es posible para las mujeres libres, sino solo de sus propias joyas, e incluso estas no según la valoración fijada, no bajo el temor de delatores o acusadores, no por la fuerza y la violencia, sino lo que ellas mismas estaban dispuestas a dar».

Para conseguir su objetivo, vemos como Hortensia hace alusión a la actuación de ciudadanas romanas en otros momentos de la historia, en las que dispusieron de sus propiedades en beneficio de la República. Pero solo, añade, de manera voluntaria y sin beneficiar a un bando, sino únicamente en momentos de guerra contra enemigos extranjeros. El discurso de Hortensia tuvo éxito y, al día siguiente, los triunviros reclamaron una contribución solo de las 400 mujeres más ricas.

Para terminar, veamos la historia de una de esas mujeres que vivió aquella turbulenta época. Podemos reconstruirla gracias a que ha llegado hasta nosotros una larga inscripción funeraria, conservada en el Museo de las Termas de Diocleciano en Roma,

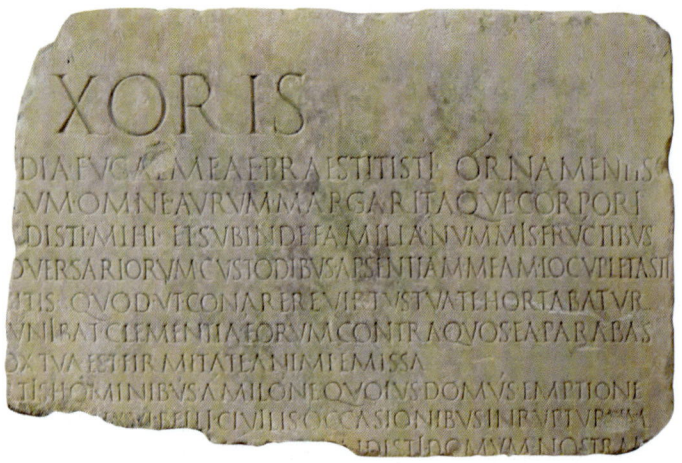

Fig. 15. El elogio funerario de «Turia». Fuente: Wikimedia Commons.

en la que un hombre realiza el elogio funerario de su esposa (erróneamente llamada Turia); ambos vivieron durante los terribles años 40 a. C., marcados por las guerras, las proscripciones, la violencia, la inseguridad y la muerte, aunque sobrevivieron y permanecieron casados durante cuarenta años hasta la muerte de ella. La parte de la inscripción en que se mencionan los nombres de ambos no se ha conservado, así que los llamaremos esposo y esposa.

Así, la inscripción nos cuenta que nuestra protagonista es una mujer independiente (*sui iuris*), ya que su padre y su madre habían sido asesinados; en ese momento, ella y su hermana se encontraban solas, puesto que su futuro esposo estaba en Macedonia y su cuñado en África. En estas circunstancias, ambas se vieron obligadas a actuar para vengar a sus padres y recibir de manera legítima sus herencias. La futura esposa incluso se negó a ratificar una triquiñuela judicial por la cual su hermana se hubiera visto desprovista de su parte, lo cual defendió en un juicio con éxito. Su esposo la elogia además por cuidar de los miembros de su familia, concediendo dotes a familiares femeninos con pocos bienes; para que su esposa no se viera desprovista de patrimonio, su marido decidió otorgar a esas parientes tierras de su propiedad por el valor de la suma prometida por su esposa en concepto de dote.

Llegado el momento de la guerra civil y la inestabilidad del 49-48 a.C, el esposo tuvo que huir, ya que había apoyado a los pompeyanos frente a César. Vemos que la esposa recurre a sus propiedades para salvarlo (texto 11).

TEXTO 11.
LAS HAZAÑAS DE LA ESPOSA
(Laudatio Turiae, columna de la derecha, ll. 2-5)

«Me diste abundante apoyo para mi huida. Me proporcionaste ayuda con tus joyas, cuando arrancaste de tu cuerpo todo tu oro y las perlas y me las entregaste. A continuación, me enriqueciste, mientras estaba lejos de Roma, con esclavos, dinero y provisiones, engañando astutamente a los guardias enemigos».

De nuevo comprobamos la importancia de las joyas como manera de atesorar riqueza por parte de las mujeres y convertirla rápidamente en recursos económicos. A continuación, el esposo narra la defensa que su mujer hizo de una casa, historia que ilustra cómo las derrotas políticas de unos podían enriquecer a otros. La mansión había sido propiedad de Tito Anio Milón, un rico senador que tuvo que partir al exilio en el 52 a. C. acusado de haber asesinado al popular extribuno Clodio, y cuyas propiedades habían sido subastadas; el esposo de nuestra heroína había comprado la casa en subasta a los acreedores de Milón, evidentemente a un precio inferior al del mercado. Aprovechando la coyuntura conflictiva, aduce él, una banda organizada por Milón atacó para poder saquearla; sin embargo, la esposa consiguió defender la propiedad.

No es la historia de una mujer extremadamente rica, pero sí de alguien que disponía de un patrimonio sustancial, como da fe la mención de las perlas que poseía y el hecho de que era capaz de conceder buenas dotes a mujeres de su familia. Esas propiedades le permitieron prosperar e incluso salvar a su marido en tiempos turbulentos.

Conclusiones: mujer y propiedad

Hoy en día, a pesar de ser la mayor parte de la fuerza agrícola laboral, las mujeres son propietarias de menos de una quinta parte de todas las tierras del mundo. En el Norte de África y Asia, representan menos del 5 % de los propietarios, mientras que en el África subsahariana llegan al 15 %. En el caso español,

Fig. 16. Vendedora en el mercado de Ostia.

las mujeres son propietarias del 29 % de las tierras agrícolas. En Europa, se calcula que alrededor del 40 % de la riqueza está en manos de mujeres. La Organización de las Naciones Unidas identifica el acceso a la riqueza por parte de las mujeres y su empoderamiento económico como un elemento esencial para garantizar sus derechos y conseguir la igualdad, logrando así cerrar la brecha de género. Las mujeres que no son propietarias se enfrentan a una situación de inseguridad económica y de desigualdad, que repercute enormemente en su bienestar y en el de sus familias (https://www.unwomen.org/es).

En el mundo romano, las desigualdades eran gigantescas; por cada individuo rico, existían miles de personas que vivían en situaciones extremadamente precarias. Sin embargo, como hemos visto, las mujeres romanas podían ser (y eran) grandes propietarias agrícolas e inmobiliarias, y algunas poseían enormes riquezas. A pesar de que, en ciertos momentos, su presencia fue considerada como una amenaza moral y como el síntoma de una situación de crisis de la autoridad patriarcal, desde los siglos II y I a.C. en adelante fueron parte constitutiva de la sociedad romana, gestionando sus tierras, sus casas y sus negocios, comprando y vendiendo joyas, así como otras formas de atesorar riqueza.

En el Principado, el período que siguió al gobierno de Augusto, las mujeres propietarias continuaron prosperando; algunas fortunas desaparecieron, otras nacieron y muchas florecieron. Al convertirse en Augusto, el primer *princeps* o emperador estableció paulatinamente un régimen autocrático muy diferente del clásico republicano (aunque conservando su fachada exterior y proyectando la idea de que la *res publica* había sido restaurada). Las mujeres de la familia imperial (Livia y Octavia, esposa y hermana de Augusto respectivamente) adquirieron, de repente, una notoriedad que superaba a las de otras mujeres de la élite. Pero esa es otra historia que será contada en otra ocasión.

No pensemos en la historia como en la progresión desde un pasado atrasado hasta un futuro moderno y próspero; la historia da saltos, como una niña jugando a la rayuela, por lo que en ocasiones se avanza y en otros momentos se retrocede. Las ciudadanas romanas gozaron en la teoría y en la práctica de unos derechos económicos que, en muchos países europeos, no se volverían a ver hasta bien entrado el siglo xx.

¿Cómo reconstruimos el mundo de las mujeres propietarias?

Fuentes y bibliografía

Las menciones al patrimonio femenino se encuentran dispersas en todo tipo de fuentes literarias, ya que la mayor parte de las veces se trata de menciones realizadas circunstancialmente. Son excepción algunos pasajes más elaborados de los que hemos hablado, como el debate sobre la anulación o no de la *lex Oppia* en el 195 a. C., una ley que había impuesto restricciones a la riqueza femenina (transmitida por Livio, un historiador de época de Augusto, Livio 34.1-8) o el discurso de Hortensia, pronunciado en el 42 a. C. con el fin conseguir la exención de impuestos extraordinarios para las mujeres (transmitido por el historiador del siglo II d. C., Apiano, *Guerras civiles*, 4.32-34). Al analizarlos, hay que tener muy presente que sus autores son hombres de la élite que ocasionalmente perciben la figura de la mujer propietaria como una amenaza. Además, este tipo de fuentes a menudo hablan de las mujeres romanas de manera normativa, es decir, prescribiendo cómo deberían comportarse (quedándose en casa e hilando lana), no describiendo cómo era la realidad.

Esta visión puede completarse con otros dos tipos de fuentes: en primer lugar, los escritos de los juristas romanos, que nos informan sobre los condicionantes legales que tenían las mujeres a la hora de gestionar su patrimonio, la libertad y constreñimientos a los que se veían sujetas. No obstante, al usar las fuentes legales, hay que tener en cuenta que, al igual que ahora, el derecho romano empleaba el masculino plural como genérico (la compilación de opiniones de juristas, el prólogo del *Digesto*. 31.45 lo dice explícitamente), lo que, de nuevo como hoy en día, invisibiliza a las mujeres: por ejemplo, todas las leyes que hablan sobre la propiedad de esclavos usan el masculino plural, el cual incluía también a todas las propietarias.

En segundo lugar, las fuentes epigráficas (recogidas sobre todo en la gran recopilación de todas las inscripciones latinas, el *Corpus de inscripciones latinas o Corpus inscriptionum latinarum*), ya que muchas inscripciones recogen la voz de las mujeres propietarias que usaron su dinero para obras en favor de la comunidad y sus propios intereses individuales y familiares; la arqueología nos ayuda a recuperar algunas de estas obras públicas, sobre todo edificios u otras estructuras financiadas por mujeres.

Hay que tener en cuenta otra precaución, especialmente a la hora de usar textos históricos del siglo xix y comienzos del xx que hablan del mundo romano: en esa época las mujeres en Europa, por ejemplo, no tenían personalidad política (no podían votar ni ser votadas) y casi ninguna poseía personalidad económica (no podían gestionar sus propiedades). Por lo tanto, se observa que muchos historiadores de esa época, como el alemán Theodor Mommsen (1817-1903), uno de los padres de la historia romana como disciplina moderna, tenían dificultades a la hora de comprender que una mujer romana pudiera gestionar su patrimonio con relativamente pocas restricciones; la esposa o las hijas de Mommsen, por ejemplo, vivían en ese sentido en un mundo más restringido que cualquier mujer romana del siglo i a. C. No es un juicio condenatorio, ya que todos somos herederos de nuestro tiempo, pero hay que ser precavido para no repetir afirmaciones sobre las mujeres romanas que son más un reflejo del siglo xix que de la realidad del mundo antiguo.

En la historiografía moderna, los trabajos esenciales sobre aspectos sociales y legales son: Susan Treggiari, *Roman Marriage: Iusti Coniuges from the Time of Cicero to the Time of Ulpian*, Oxford, 1991; Jane F. Gardner, *Women in Roman Law and Society*, Londres, 1986, e Irene Mañas Romero, *Las mujeres y las relaciones de género en la antigua Roma*, Madrid, 2019.

Por lo que se refiere a las mujeres como ciudadanas, destacan las obras de Leo Peppe, *Civis Romana: forme giuridiche e modelli sociali dell'appartenenza e dell'identità femminili in Roma antica*, Lecce, 2016, y Cristina Rosillo-López y Silvia Lacorte (eds.), *Cives Romanae. Roman Women as Citizens during the Republic*, Sevilla/Zaragoza, 2024. El papel político de las ciudadanas es tratado a fondo por Francesca Rohr Vio, *Powerful Matrons: New Political Actors in the Late Roman Republic*, Zaragoza/Sevilla, 2022, una edición actualizada y ampliada de su libro *Le custodi del potere: Donne e politica alla fine della repubblica romana*, Roma, 2019. Sobre el papel de las mujeres en las conversaciones políticas, véase Cristina Rosillo-López, *Political Conversations in Late Republican Rome*, Oxford, 2022.

Hay varias biografías importantes de mujeres romanas de la República, entre las cuales destacan las dos obras de Susan Treggiari, *Terentia, Tullia and Publilia: The Women of Cicero's family*, Londres, 2007, y *Servilia and Her Family*, Oxford, 2019, y el estudio de Josiah Osgood, *Turia. A Roman Woman's Civil War*, Nueva York, 2014 sobre personajes tratados en este cuaderno.

Los aspectos económicos de las mujeres romanas se tratan en Giulia Vettori, *Bonae matronae e bona matronarum. Donne e capacità patrimoniale tra Repubblica y Principato*, Bari, 2022, y Catherine Steel y Lewis Webb, *Women, Wealth and Power in the Roman Republic*, en prensa. Sobre las mujeres evergetas, véase Cándida Martínez López, Henar Gallego Franco, María Dolores Mirón Pérez y Mercedes Oria Segura, *Constructoras de ciudad. Mujeres y arquitectura en el occidente romano*, Granada, 2019. Sobre el debate de las mujeres propietarias, véase Leire Lizarzategui, «La controverse sur l'inclusion des femmes dans le système fiscal romaine pendant la République (195 av. n. è.-39 av. n. è.)», *Studia historica. Historia antigua* 40, 2022, 159-178.

Sobre el papel de la mujer romana en la economía, se recomienda el documental «Mujer y economía en el mundo antiguo» (https://upotv.upo.es/video/66fd06cfabe3c6f9318b456d), realizado por Cristina Rosillo-López y Elena Durán, al igual que la exposición virtual *250 mujeres de la antigua Roma*, dirigida por Pilar Pavón Torrejón (https://grupo.us.es/conditiofeminae/index.php/250-mujeres-de-la-antigua-roma/).

Este texto ha sido investigado y escrito gracias a la financiación del proyecto de investigación «*De sva pecvnia*: mujeres y riqueza en la Roma republicana y augustea» (PID2023-149830NB-I00, Agencia Estatal de Investigación; Ministerio de Ciencia, Innovación y Universidades).

CRONOLOGÍA DE LA REPÚBLICA ROMANA

AÑO	ACONTECIMIENTO
509	Expulsión de Roma del rey Tarquinio el Soberbio. Inicio de la República
494	Creación del tribunado de la plebe después de la primera secesión
451-450	Ley de las Doce Tablas, primer código legal de Roma
445	Se autoriza el matrimonio entre patricios y plebeyos
326	La *lex Poetelia Papiria* supone la abolición de la servidumbre por deudas
312	Se construye el primer acueducto de Roma, *Aqua Appia*
304	Construcción de la Vía Apia, de Roma a Capua
287	La *lex Hortensia* da valor de ley a las decisiones de la plebe (plebiscitos)
264-241	Primera Guerra Púnica. Control romano de Sicilia, Córcega y Cerdeña
218-202	Segunda Guerra Púnica contra Cartago. Desembarco romano en la Península Ibérica
215	La *lex Oppia* restringe el uso de objetos de lujo por parte de las mujeres
Siglo II a.C.	Generalización del matrimonio *sine manu*, por el que las mujeres eluden la tutela legal de su marido
200-196	Segunda Guerra Macedónica, que finaliza con el protectorado sobre Macedonia y un control tutelado sobre Grecia
188	Plauto escribe una de sus comedias más famosas, *Anfitrión*
186	*Senatus consultum de Bacchanalibus*, decreto del Senado reprimiendo el culto al dios Baco en Italia
180	La *lex Villia Annalis* establece la normativa de acceso a las magistraturas *(cursus honorum)*
a. 160	Catón escribe su tratado *Sobre la agricultura*
149-146	Tercera Guerra Púnica. Destrucción de Cartago. Destrucción de Corinto. Creación de la provincia de Macedonia
133 y 121	Asesinatos políticos de los tribunos de la plebe Tiberio y Cayo Sempronio Graco
a.115 o 110	Muere Cornelia, modelo ejemplar de matrona romana y madre de los Gracos
91-88	Guerra contra los Aliados. Concesión de la ciudadanía romana a los itálicos
82-81	Dictadura de Sila y proscripciones de sus adversarios políticos
73-71	Revuelta de esclavos y gladiadores liderada por Espartaco
67-66	Las leyes Gabinia y Manilia otorgan poderes extraordinarios a Pompeyo contra los piratas en el Mediterráneo y contra Mitrídates en Oriente
58	Tribunado de la plebe de Clodio: distribuciones gratuitas de trigo en Roma. Exilio de Cicerón
55	Construcción del teatro de Pompeyo, primero en piedra en la historia de Roma
51	Cicerón escribe su tratado filosófico y político *Sobre el Estado*
50	Julio César publica *La Guerra de las Galias* sobre sus campañas militares
49-45	Guerra civil entre cesarianos y pompeyanos. Victoria de los cesarianos
45	Entrada en vigor del calendario juliano (en vigor en Europa hasta 1582)
44	Asesinato de Julio César en los Idus de marzo
43	Triunvirato de Lépido, Marco Antonio y Octavio. Proscripciones
31	Batalla de Accio: victoria de Octavio sobre las tropas de Marco Antonio y Cleopatra VII
27	Octavio devuelve sus poderes al Senado, pero su gesto es rechazado. Es proclamado Augusto

ISBN 978-84-1340-969-6

Hasta 1975, las mujeres españolas no pudieron abrir una cuenta bancaria propia, regentar un negocio o firmar un contrato sin el permiso de su marido. Sin embargo, en el mundo romano, ya desde la República, las mujeres se convirtieron en propietarias, con todos los derechos y deberes correspondientes. Tras la muerte de su padre, las mujeres romanas podían heredar, trabajar, pagar impuestos, prestar y tomar prestado, gestionar un negocio, comerciar, donar dinero a ciudades y asociaciones, administrar libremente su patrimonio y firmar contratos con plena libertad. Todo ello les ofreció progresivamente un mayor renombre y visibilidad en el espacio público, tanto para su familia como para ellas de manera individual. Este cuaderno estudia la variedad de actividades económicas en las que estuvieron implicadas durante la República las mujeres romanas, tanto de la élite como de clases menos pudientes, y los intentos de control de cierta parte de los senadores de este poderío económico.

CRISTINA ROSILLO LÓPEZ
es catedrática de Historia Antigua en la Universidad Pablo de Olavide, Sevilla.

Editorial Universidad de Sevilla

1474

Prensas de la Universidad
Universidad Zaragoza

ROMA